TOUT

CENTRIFUGEUSE

Dans la même collection

Sophie Brissaud

TOUT CENTRIFUGEUSE

30 recettes pour faire valser les fruits et légumes

Photographies Claire Curt
Stylisme Garlone Bardel

Éditions
de La Martinière

sommaire

introduction

Vous avez hésité parce que c'est lourd, encombrant et difficile à nettoyer, mais quel bonheur de préparer vos jus, de mélanger les variétés ! Sur la fraîcheur, les vitamines et le goût vous y gagnez. Les jus du commerce, même bio ce n'est jamais la même chose. Rien ne remplace le frais et l'immédiat. Donc rien ne remplace une centrifugeuse.

Depuis l'arrivée sur le marché de ces machines ronronnantes, dans les années 70, l'ergonomie s'est améliorée, mais pas de façon substantielle. L'appareil reste lourd et encombrant, il est toujours bruyant même s'il ne vrombit plus comme un moteur de Boeing, et son nettoyage reste une corvée. Ces contraintes ne doivent pas vous retenir .

Quelle centrifugeuse ?

Les différentes qualités de centrifugeuses sont définies par leur prix : le bas de gamme extrait le jus des fruits et légumes durs, il n'est pas performant pour les agrumes et les fruits pulpeux (fraises, tomates, bananes…). À mesure que le prix monte, les fonctionnalités s'ajoutent : deux vitesses, bac d'évacuation de la pulpe, système antigouttes, collecteur de jus avec séparateur d'écume, position « smoothie » ou « nectar ».

Les recettes de ce livre sont conçues pour une centrifugeuse de milieu de gamme, dotée de deux vitesses, d'un séparateur d'écume et capable de traiter agrumes et certains fruits à pulpe. Elles ne sont pas conçues pour un extracteur de jus (qui fonctionne selon un processus différent) ni pour une centrifugeuse à position nectar ou smoothie (mais tant mieux si vous en avez une). Pour les fruits tels que banane, corossol, mangue, abricot, avocat, etc., votre blender, ou votre mixeur, fait l'affaire. Vous pouvez ensuite mélanger les jus des deux appareils.

Pourquoi deux vitesses ?

La vitesse 1 extrait le jus des végétaux tendres, alors qu'à vitesse 2 le moteur tourne plus vite et peut traiter les végétaux plus durs. Il vaut mieux commencer par la vitesse 1 et continuer avec la vitesse 2, donc les végétaux tendres d'abord et les durs ensuite. Utilisez toujours la centrifugeuse sur une surface plane et bien stabilisée.

Le séparateur d'écume

La centrifugation produit une écume que le séparateur, cloison amovible placée à l'intérieur du

CACAO
en Grs
RIZ
en Grs
VERUTILE
LIQUIDE
1/2 lit
300
275
250
225
200
175
150
125
100
75
50
25
1/4 lit
1/8 lit
1/10 lit
1/20 lit

collecteur de jus, permet d'éliminer si vous désirez un jus clair. Dans les cas où cette mousse est recherchée, retirez le séparateur.

Le nettoyage

C'était le cauchemar des premières centrifugeuses : toutes les trois minutes, il fallait ouvrir et vider la cuve, retirer et brosser le filtre. Le bac collecteur de pulpe a résolu le problème, mais il ne dispense pas d'une surveillance régulière de la râpe et de la cuve pendant l'utilisation. Et après usage, le nettoyage reste minutieux : la râpe et le filtre métallique doivent être brossés sous l'eau courante. Et toutes les pièces exigent un séchage complet avant le réassemblage de l'appareil.

Les ingrédients

Ne choisissez que des fruits et légumes bien frais, mûrs à point, et si possible issus de l'agriculture biologique ou raisonnée. Plus l'ingrédient est frais, meilleur est le jus. Si vous achetez bio, ne pelez pas pommes, poires, carottes, betteraves, mais lavez-les soigneusement. Retirez toujours les écorces et peaux épaisses, les parties flétries ou trop dures.

Les agrumes doivent être pelés à vif : pour cela, tranchez les « pôles » du fruit ; posez-le à la verticale et pelez-le, avec un couteau bien aiguisé, de haut en bas en le faisant pivoter au fur et à mesure.

Les ingrédients asiatiques que je propose d'utiliser dans certaines recettes sont à chercher dans les magasins spécialisés ou sur Internet. Toutes les grandes villes ont à présent leur supermarché asiatique où vous trouverez shiitake frais, gingembre vert, céleri chinois, radis blanc (daïkon) et piments de toutes sortes. Le gingembre mûr, la coriandre et le daïkon sont disponibles un peu partout. Et n'oubliez pas les rayons fruits et légumes des magasins bio, qui offrent un choix étendu.

LES RECETTES DE CE LIVRE SONT ORGANISÉES EN TROIS PARTIES.

1. Les purs : ce sont des jus de fruits et de légumes obtenus uniquement à la centrifugeuse, sans autre apport. On part des jus de base (carotte et pomme) pour aborder ensuite les jus mélangés.
2. Les agrémentés : cette partie concerne les jus un peu plus élaborés, avec l'ajout de condiments et d'ingrédients divers. Ce sont, en fait, des cocktails à part entière, qu'ils contiennent ou non de l'alcool.
3. Les cuisinés : on y présente quelques boissons plus élaborées, et des petites préparations culinaires pour lesquelles une centrifugeuse vous sera utile.

Jus de carotte

POUR **2** PERSONNES

~

8 ou 9 belles carottes
1 citron vert ou jaune (facultatif)

C'est un des rares jus de légumes (avec la betterave) qui peut être mélangé avec des jus de fruits. Cependant n'en faites pas une utilisation abusive car sa richesse risquerait de vous donner un teint orangé digne des plus accros à l'autobronzant.

- Pelez le citron à vif (voir p. 9). Selon votre goût, vous en utiliserez la moitié ou la totalité, ou pas du tout.

- Centrifugez d'abord le citron à vitesse 1.

- Pelez les carottes si elles ne sont pas bio, puis centrifugez-les à vitesse 2.

Buvez immédiatement.

Sur la base du jus de carotte, quelques suggestions (pour 2 ou 3 personnes) :

6 carottes, 1 pomme, 1/2 citron pelé à vif

8 carottes, 1 oignon blanc nouveau,
1 poignée de persil plat lavé et essoré

6 carottes, 2 oranges pelées à vif,
20 g de gingembre

6 carottes, 2 betteraves rouges crues

6 carottes, 1 pamplemousse rose pelé à vif
et coupé en quartiers

BONUS GOURMAND :
Les carottes de fin d'hiver peuvent être un peu amères. Si tel est le cas, épluchez-les systématiquement, car la peau accentue l'amertume. La saveur d'un jus de carottes «mûres» de janvier-février et vraiment différente de celle d'un jus de carottes nouvelles de prntemps. En outre, sachez que la peau des carottes ternit un peu la couleur du jus.

Jus de pomme

POUR **2** OU **3** PERSONNES

~

3 pommes juteuses
de 200 à 250 g chacune

C'est un des rares jus de fruits (avec les agrumes) qui peut-être mélangé avec des jus de légumes. Comme il apporte de la douceur, il sert souvent de correcteur de goût. Piochez sans hésiter dans le patrimoine des pommes anciennes et régionales. Essayez aussi de combiner des jus de pommes douces (royal gala, reine des reinettes, jonagold, chantecler, reinette clochard, cox orange, fuji, pink lady) et acidulées (belle de Boskoop, reinette du Canada, Granny Smith, idared, braeburn).

• Si les pommes sont bio, lavez-les et essuyez-les, retirez le pédoncule puis coupez-les en quartiers sans les peler. Si elles ne sont pas bio, épluchez-les. Dans tous les cas, il est inutile de les épépiner.

• Centrifugez les pommes à vitesse 2.

Sur la base du jus de pomme, quelques suggestions (pour 2 ou 3 personnes) :

2 pommes, 2 poires

2 pommes, les grains de 1 grenade

2 pommes, 1 barquette de cassis ou de framboises

2 pommes, 1 branche de céleri, 1 betterave,
100 g de radis noir ou de daikon épluché

2 pommes, 300 g de grains de raisin

2 pommes rouges bio, 1/2 melon charentais épluché
(servir bien frais)

BONUS GOURMAND :
Il est important de boire ce jus de pomme très vite, car il s'oxyde presque immédiatement (vous pouvez ajouter du jus de citron pour retarder l'oxydation). Vous pouvez aussi le faire fermenter au réfrigérateur dans un flacon bien fermé. Au bout de quelques jours, vous obtiendrez du cidre.

Ginger sunrise

POUR **2** OU **3** PERSONNES

~

6 carottes

1 citron vert pelé à vif (voir p. 9)

1 oignon blanc nouveau lavé, sans le vert

2 tiges de gingembre vert ou 30 g de gingembre mûr

1 poivron rouge

1 pomme (facultatif)

- Centrifugez d'abord le citron vert et l'oignon blanc à vitesse 1.
- Pelez le gingembre et rincez le poivron.
- Centrifugez les carottes (pelées si elles ne sont pas bio), le gingembre et terminez par le poivron rouge.
- N'utilisez pas de séparateur d'écume, de façon à obtenir une superbe mousse rouge corail qui vous mettra de bonne humeur.

BONUS GOURMAND :
Ce jus est délicieux à l'apéritif comme au petit déjeuner. Il possède une légère amertume. Si vous le désirez plus sucré, centrifugez la pomme après les carottes, mais terminez toujours par le poivron.

Œil de lynx

POUR 2 OU 3 PERSONNES

~

6 belles carottes
2 oranges à jus
1 barquette (150 g) de myrtilles

- Pelez les carottes si elles ne sont pas bio.
- Pelez les oranges à vif (voir p. 9).
- Centrifugez d'abord les oranges, puis les myrtilles à vitesse 1.
- Centrifugez ensuite les carottes à vitesse 2.

Buvez immédiatement, de préférence le matin.

BONUS GOURMAND :
Ce jus serait, dit-on, bon pour la vue. Il est surtout très savoureux. Profitez de vacances à la montagne pour y ajouter des myrtilles sauvages.

Pink rabbit

POUR **4** À **6** PERSONNES

~

4 belles carottes
2 poires Doyenné-du-Comice mûres mais encore un peu fermes
2 pamplemousses roses

- Pelez les carottes si elles ne sont pas bio.
- Épluchez les poires et coupez-les en quartiers.
- Pelez les pamplemousses à vif (voir p. 9) et coupez-les en quartiers.
- Centrifugez d'abord les pamplemousses, puis les poires, à vitesse 1.
- Centrifugez ensuite les carottes à vitesse 2.

BONUS GOURMAND :
L'usage d'un séparateur est recommandé pour obtenir un jus limpide, d'un joli rose orangé. Ce jus est très agréable le matin au réveil.

Take
it
easy

Ananashi

POUR **6** PERSONNES
OU 1 LITRE

~

1 gros ananas « par avion », cayenne lisse ou pain-de-sucre du Bénin. Dans ce dernier cas, il vous faudra probablement 2 ananas, car vous devez obtenir 1 kg de poids épluché

2 gros nashi (poires chinoises), pour 650 g épluché

- Épluchez l'ananas. Si vous utilisez un cayenne lisse (la variété la plus courante), retirez le cœur du fruit. Si vous utilisez des pains-de-sucre du Bénin, ne retirez pas le cœur. Notez que ce dernier ananas a la chair naturellement blanche.

- Coupez l'ananas en quartiers selon le diamètre du tube de votre centrifugeuse.

- Coupez les nashi en quartiers, pelez-les et épépinez-les.

- Centrifugez d'abord l'ananas à vitesse 1, puis les nashi à vitesse 2.

Buvez vite.

BONUS GOURMAND :
Ce jus repose sur un équilibre subtil : le nashi n'a pas beaucoup de parfum, mais il apporte de la douceur et de la rondeur à l'ananas. Il donne aussi une texture légèrement onctueuse.

Winter in Canton

POUR **2** PERSONNES

~

600 g de daïkon
(gros radis blanc asiatique)

1 pied de céleri chinois

150 g de shiitake frais
(lentins de chêne)

Quelques branches
de coriandre fraîche

- Épluchez le daïkon et lavez-le. Coupez-le en tronçons et, si le radis est gros, coupez ceux-ci en quartiers.

- Coupez le pied du céleri chinois et ne gardez que les côtes centrales tendres et vert pâle. Lavez-les soigneusement et égouttez-les.

- Coupez le pied des shiitake, lavez-les bien et égouttez-les.

- Centrifugez d'abord le céleri à vitesse 1, puis ajoutez les shiitake, toujours à vitesse 1.

- Centrifugez ensuite le daïkon à vitesse 2.

- Servez dans des verres et parsemez la surface de coriandre finement hachée.

BONUS GOURMAND :
On dit en Chine que le daïkon d'hiver est aussi bénéfique que du ginseng. Un jus fortifiant et parfumé, à savourer de préférence entre 9 et 10 heures du matin et entre novembre et mars.

おてもと
おてもと

Green meadows

POUR **3** OU **4** PERSONNES

~

1 botte de pousses d'épinard
Quelques asperges vertes, lavées
1 branche de céleri, lavée
1 oignon blanc nouveau, épluché et lavé
1 concombre, épluché
1 poignée de roquette, lavée et essorée

- Lavez les épinards, retirez les parties proches des racines mais n'éliminez pas les tiges.
- Retirez la base fibreuse des asperges vertes.
- Centrifugez à vitesse 1 d'abord le céleri, puis les asperges, puis l'oignon blanc, puis les épinards (tiges et feuilles), puis enfin le concombre.
- Laissez tout le jus s'écouler, puis répartissez-le dans des verres.
- Centrifugez enfin la roquette et versez son jus en surface des verres.

Servez immédiatement.

BONUS GOURMAND :
Un délicieux cocktail tout en verdure. La roquette est ajoutée en dernier, à la surface, comme un condiment.

Balade en forêt

POUR **4** À **6** PERSONNES

~

2 ou 3 belles pommes juteuses
1 barquette
(250 g) de fraises,
ou
1 barquette
(100 g) de fraises des bois
1 barquette
(100 g) de framboises
1 barquette
(100 g) de cassis
1 barquette
(100 g) de myrtilles

Si vous utilisez des fraises des bois, augmentez la quantité de pommes (3 au lieu de 2).

- Lavez et égouttez tous les fruits.
- Épluchez les pommes si elles ne sont pas bio. Coupez-les en quartiers.
- Centrifugez d'abord les petits fruits rouges et noirs à vitesse 1, une variété après l'autre.
- Centrifugez ensuite les pommes à vitesse 2.

Servez immédiatement.

BONUS GOURMAND :
Il est conseillé, mais pas obligatoire, d'utiliser un séparateur d'écume. En été, pour un jus encore plus rafraîchisant, ajoutez 1 cuillerée à soupe de vinaigre balsamique ou de vinaigre de vin rouge par demi-litre de jus.

kipsta

Golestan

POUR **2** À **4** PERSONNES

~

300 g de litchis frais

1 grenade

2 ou 3 pommes rouges bio
(la variété Juliet est recommandée)

1 citron vert

1 barquette (100 à 150 g)
de framboises

- Épluchez et dénoyautez les litchis en recueillant le jus qui s'en écoule.
- Épluchez la grenade et prélevez tous ses grains.
- Coupez les pommes en quartiers sans les peler.
- Pelez le citron vert à vif (voir p. 9) ; vous en utiliserez tout ou la moitié selon votre goût.
- Centrifugez d'abord à vitesse 1 le citron vert, les litchis et les framboises, puis les grains de grenade.
- Centrifugez ensuite les pommes à vitesse 2.

Servez immédiatement, après avoir ajouté le jus des litchis qui s'est écoulé lors de l'épluchage.

BONUS GOURMAND :
Pour cette recette, vous pouvez utiliser des litchis d'hiver (importés de l'océan Indien), mais les meilleurs litchis viennent de Chine du Sud et de Thaïlande au mois de juin. Les litchis chinois sont légèrement ovales, verts teintés de pourpre, juteux, sucrés et parfumés. Ceux de Thaïlande sont énormes (litchis jumbo) et d'un beau rouge carmin violacé.

Orangequat

POUR **2** À **3** PERSONNES
OU 50 CL

~

3 belles oranges sanguines
350 g de kumquats

- Lavez les kumquats et retirez toute partie verte (pédoncule, bouton). Égouttez-les.

- Pelez les oranges à vif (voir p. 9). Selon le diamètre du tube de votre centrifugeuse, laissez-les entières ou découpez-les.

- Centrifugez d'abord les kumquats à vitesse 1, puis les oranges, également à vitesse 1.

Buvez immédiatement ou gardez au réfrigérateur dans une bouteille bien fermée.

BONUS GOURMAND :
Ce jus est intéressant par son emploi du kumquat, un fruit que l'on mange entier avec son écorce, ce qui peut le faire paraître un peu âpre. Centrifugé, il révèle une douceur inattendue et une grande délicatesse aromatique. Comme il est peu juteux, il faut le mélanger avec d'autres agrumes. À défaut d'oranges sanguines, n'importe quelle orange à jus fait l'affaire. Il se conserve assez bien et peut être ajouté à des marinades, des vinaigrettes, des sauces… On peut aussi faire un délicieux *kumquat curd* en remplaçant par ce jus le zeste et le jus de citron dans une recette de *lemon curd* (crème au citron).

Carottes râpées à boire

POUR **4** PERSONNES

~

8 belles carottes
1 ou 2 gousses d'ail, frais de préférence
1 poignée de persil plat
1 citron jaune
Huile d'olive, sel et poivre du moulin

- Épluchez et lavez les carottes (bio ou pas).
- Épluchez l'ail, laissez-le entier.
- Lavez le persil plat, égouttez-le.
- Pelez le citron à vif (voir p. 9).
- Centrifugez d'abord le citron, puis l'ail, puis le persil plat à vitesse 1.
- Centrifugez ensuite les carottes à vitesse 2. N'utilisez pas de séparateur d'écume .
- Salez et poivrez légèrement, ajoutez quelques gouttes d'huile d'olive.

BONUS GOURMAND :
Vous pouvez mélanger ou ne pas mélanger, ce qui apporte d'intéressantes variations de goût. Servez dans des verres, au début d'un repas ou à l'apéritif.

Juicepacho

POUR **4** À **6** PERSONNES

~

1 concombre
4 belles tomates mûres
1 poivron rouge, jaune ou vert
1 gousse d'ail
1 citron jaune
1 petite botte de persil plat
Vinaigre de xérès (selon votre goût)
Huile d'olive aromatisée (par exemple au basilic ou au piment)
Olives noires ou vertes, ou câpres à queue (facultatif)
Sel, poivre du moulin

- Épluchez le concombre, coupez les tomates en quartiers, épépinez le poivron, épluchez l'ail, pelez le citron à vif (voir p. 9), rincez et essorez le persil plat.

- Centrifugez tous les ingrédients à vitesse 1, le citron, les tomates, le poivron, le persil plat, l'ail et enfin le concombre.

- Si vous désirez une texture un peu pulpeuse, n'utilisez pas de séparateur de mousse mais retirez l'écume en surface et mélangez ensuite avec un peu de sel et de poivre.

- Si vous préférez un jus bien clair, utilisez le séparateur, salez et poivrez après avoir versé le jus dans un pichet.

- Ajoutez un peu de vinaigre de xérès à votre goût et mélangez.

- Répartissez dans des verres et laissez tomber à la surface quelques gouttes d'huile d'olive aromatisée.

BONUS GOURMAND :
C'est tout simplement un gazpacho en version jus. Vous pouvez décorer le bord des verres d'une pique en bois garnie de quelques olives ou de câpres espagnoles à queue.

V-onze

POUR **4** À **6** PERSONNES

~

1 poignée de feuilles de cresson, lavées et égouttées

1 poignée d'épinards frais, lavés et égouttés

1 piment rouge frais, épépiné (ou 1/4 de piment antillais vert, épépiné)

1 poivron rouge épépiné et coupé en quartiers

3 grosses tomates mûres coupées en quartiers

1 betterave rouge crue, brossée et lavée

6 carottes, lavées et épluchées

1 petit oignon épluché

1 gousse d'ail épluchée

1 branche de céleri lavée, sans les feuilles

100 g de daïkon ou de radis noir, épluché et lavé

1 trait de sauce pimentée de votre choix (Tabasco®, sriracha, Tapatio®, Pickapeppa®, etc.)

Sel

- Ayant préparé tous vos légumes, centrifugez d'abord à vitesse 1 : les feuilles de cresson et d'épinard, le piment, le poivron et enfin les tomates.
- Centrifugez ensuite à vitesse 2 : la betterave, les carottes, l'oignon, l'ail, le céleri et le daïkon.
- Ajoutez la sauce pimentée, salez légèrement, mélangez et servez.

BONUS GOURMAND :
Sans lui être identique, cette recette se rapproche de celle d'un célèbre jus de légumes du commerce courant, la fraîcheur en plus. Si le piment frais vous dérange, omettez-le, mais essayez tout de même d'ajouter la sauce pimentée à la fin.

Bortsch à boire

POUR **4** PERSONNES

~

4 betteraves rouges
crues moyennes

4 tomates mûres

1 poivron rouge

1 petit bulbe de fenouil

1 oignon doux

20 cl de consommé de bœuf froid,
bien concentré, dégraissé

5 à 7 cl de jus de choucroute
ou de vinaigre de vin

1 ou 2 pots de
yaourt à la grecque

1 botte de ciboulette ciselée

Quelques branches d'aneth ciselées

Poivre du moulin

- Brossez et lavez les betteraves, ne les pelez pas. Lavez les tomates et le poivron. Épluchez et lavez le fenouil. Épluchez l'oignon doux.
- Centrifugez les tomates à vitesse 1, puis l'oignon, le poivron, le fenouil et les betteraves à vitesse 2. Mélangez.
- Dans un grand pichet, mélangez les jus avec le consommé et le jus de choucroute (ou le vinaigre).
- À part, mélangez le yaourt avec la ciboulette et l'aneth. Poivrez.
- Servez le bortsch à boire dans le pichet et le yaourt assaisonné à part. Chacun fera son mélange à son goût dans le verre en y mettant d'abord le yaourt et en ajoutant le jus en remuant doucement. Vous pourriez tout mélanger avant de servir, mais faire le mélange au moment du service permet de profiter des belles couleurs de ce jus.

BONUS GOURMAND :
Vous pouvez, au choix, obtenir un jus un peu trouble (où l'on trouve, selon l'expression, à boire et à manger) ou un consommé plus clair en utilisant un séparateur de mousse. Dans ce cas, clarifiez le jus avec le séparateur avant d'ajouter les autres ingrédients. Le jus de choucroute s'obtient en pressant de la choucroute crue entre vos mains.

Dashi Mary

POUR **3** À **6** PERSONNES

~

Si vous ne trouvez pas les ingrédients,
je propose d'autres solutions,
mais ça n'aura pas le même goût.

1 kg de tomates bien mûres
1 ou 2 piments verts frais, épépinés
1 branche de céleri
1 tronçon de daïkon de 15 cm, épluché et lavé
20 cl de saké
3 cl de jus de yuzu (ou le jus de 1 citron vert)
3 cl de shirodashi (ou 1 trait de sauce de poisson thaïlandaise)
1 trait de sauce de soja japonaise (Kikkoman®)
1 trait de sauce chili sriracha
Poivre blanc du moulin

- Lavez les tomates, les piments et le céleri.
- Coupez les tomates en quartiers et centrifugez-les à vitesse 1.
- Centrifugez ensuite les piments à la même vitesse.
- Puis centrifugez le céleri et le daïkon à vitesse 2.
- Mélangez les jus.
- Ajoutez le saké, le jus de yuzu, le shirodashi, la sauce de soja, la sauce chili, quelques tours de moulin à poivre blanc, remuez bien et servez dans de grands verres, sur des glaçons.

BONUS GOURMAND :
Cette variante japonisante du Bloody Mary se consomme dans les mêmes conditions que l'original, mais vous n'êtes pas obligé d'avoir fait la fête la veille pour aimer ça. Le shirodashi (bouillon concentré) et le jus de yuzu s'achètent dans les magasins de produits japonais ; on peut aussi les acheter en ligne sur Internet.

白だし
国産有機

Pêche-melon

POUR **4** À **6** PERSONNES

~

1 melon d'Espagne à chair blanche, jaune ou verte
3 pêches blanches ou jaunes
Eau de fleur d'oranger
4 fleurs de lavande
100 g de fraises

- Épluchez et épépinez le melon, coupez-le en quartiers.
- Pelez et dénoyautez les pêches.
- Coupez les fraises en petits dés ; gardez-en deux que vous coupez en rondelles de 4 mm.
- Centrifugez le tout à vitesse 1, sans utiliser de séparateur d'écume.
- Ajoutez au jus obtenu 1 ou 2 cuillerées à café d'eau de fleur d'oranger, mélangez-y les petits dés de fraise, et servez avec quelques glaçons, en décorant d'une fleur de lavande et de quelques rondelles de fraise à cheval sur le bord du verre.

BONUS GOURMAND :
C'est un jus euphorisant, à boire à toute heure.

Jus de gingembre d'Afrique de l'Ouest

POUR **4** À **6** PERSONNES

~

500 g de gingembre
1 ananas africain « par avion », bien mûr (variété cayenne lisse)
miel liquide ou sucre de canne roux
3 citrons verts

Tous les ingrédients doivent être à température ambiante.

- Lavez soigneusement le gingembre, ne le pelez pas.
- Épluchez l'ananas et coupez-le en quartiers en retirant le cœur.
- Pelez les citrons verts à vif (voir p. 9).
- Centrifugez d'abord les citrons verts à vitesse 1.
- Centrifugez ensuite le gingembre, puis l'ananas à vitesse 2.
- Mélangez les jus recueillis et délayez-y le miel liquide ou le sucre de canne selon votre goût.
- Allongez d'eau de source pour obtenir 1 litre de jus.
- Mettez en bouteille, gardez au frais et buvez dans les 24 heures.

BONUS GOURMAND :
Si le jus vous semble trop fort en goût (certains gingembres sont plus puissants que d'autres), ajoutez de l'eau ou du jus d'ananas.

Nectar de kiwi

POUR **4** PERSONNES

~

1 kg de kiwis mûrs
(un peu moelleux sous le doigt)
1 cuillerée à café de thé vert japonais
(sencha ou gyôkuro)
ou chinois (long jing)

- Faites chauffer 50 cl d'eau filtrée à 50 °C. Versez-en 10 cl avec précaution sur le thé, attendez quelques secondes puis filtrez et videz l'eau. Versez le reste d'eau chaude sur le thé, couvrez et laissez infuser 10 minutes.

- Filtrez le thé et laissez refroidir.

- Le kiwi étant couvert d'un duvet un peu rugueux, épluchez les fruits.

- Centrifugez-les à vitesse 1. Vous obtenez un nectar un peu épais que vous pouvez allonger avec du thé vert froid à votre convenance.

BONUS GOURMAND :
Buvez ce nectar dans la journée, en le conservant au frais si nécessaire.

CUPS
CUPS

Mulled cider

POUR **4** À **6** PERSONNES
OU 1 LITRE

~

8 belles pommes bio juteuses
(selon leur taille)

1 longue lanière de zeste d'orange
ou de citron

3 bâtonnets de cannelle

1 cuillerée à café de grains
de poivre noir

1 petite tranche de gingembre

1 petite pomme piquée
de 6 clous de girofle

5 cl de calvados
ou un petit verre (10 cl)
de pommeau de Normandie

- Lavez les pommes, coupez-les en quartiers et retirez le pédoncule. Ne les pelez pas. Centrifugez-les à vitesse 2, sans employer de séparateur d'écume.

- Versez le jus dans une casserole, ajoutez toutes les épices, la pomme piquée de clous de girofle et le zeste d'orange ou de citron.

- Faites chauffer, portez à frémissement, couvrez et baissez le feu.

- Faites cuire 30 minutes sur feu très doux, sans bouillir. Filtrez, ajoutez le calvados ou le pommeau, et buvez chaud.

BONUS GOURMAND :
Ce n'est pas un cidre au sens français mais un jus de pomme naturel chauffé avec des épices douces. À boire en hiver en famille ou entre amis. Vous obtiendrez plus d'un litre avec cette quantité de pommes, mais la boisson réduira légèrement à la cuisson. Acheter bio est essentiel pour cette recette.

Eos

POUR **4** PERSONNES

~

1/2 pastèque
(gardée au réfrigérateur)

1 pamplemousse rose
(gardé au réfrigérateur)

Angostura® aromatic bitters

1 ou 2 petites bouteilles
de bière blanche bien fraîche

(genre Hooegarden®
ou Blanche de Bruges)

- Épluchez la pastèque, coupez-la en cubes et retirez la plupart des pépins.
- Pelez le pamplemousse rose à vif (voir p. 9). Frottez le bord de quatre gros verres à whisky avec une lanière de zeste de pamplemousse.
- Centrifugez d'abord le pamplemousse, puis les cubes de pastèque à vitesse 1.
- Dans les verres, déposez un ou deux glaçons (pas plus). Répartissez-y le jus, ajoutez un trait d'Angostura® dans chaque verre et remuez légèrement.
- Complétez avec la bière blanche, puis ajoutez une lanière de zeste de pamplemousse.

BONUS GOURMAND :
Servez très vite ce cocktail d'été légèrement amer et rafraîchissant.

Brullini

POUR **4** PERSONNES

~

2 brugnons blancs bien mûrs
1 bouteille de prosecco bien frappé

- Lavez les brugnons, coupez-les en deux et dénoyautez-les. Ne les pelez pas.
- Centrifugez-les à vitesse 1.
- Répartissez immédiatement le jus dans des flûtes à champagne et complétez avec du prosecco.

BONUS GOURMAND :
Si vous ne trouvez pas de prosecco, utilisez du champagne, pauvre de vous ! Si vous ne trouvez pas de brugnons blancs, utilisez ce que vous voudrez : pêches, poires, fraises, abricots, litchis, goyaves, etc., mais ce ne sera plus un brullini. Si vous ne trouvez ni prosecco, ni champagne, ni brugnons blancs, remettez l'affaire à une autre fois.

Piña colada

POUR **4** PERSONNES

~

3 cuillerées à soupe
de noix de coco râpée

1 noix de coco

1 ananas Victoria pas trop petit,
ou 1/2 gros ananas cayenne lisse
ou pain-de-sucre du Bénin

16 cl de rhum blanc
(par personne : 4 cl)

8 cl de rhum brun
(par personne : 2 cl)

Glaçons

- Faites griller la noix de coco râpée dans une poêle sèche jusqu'à ce qu'elle soit légèrement dorée.

- Pour choisir une noix de coco, agitez-la près de votre oreille : vous devez entendre un « flac-flac » bien sonore. Posez la noix sur une serviette éponge pliée en quatre et, à l'aide d'un marteau, enfoncez un gros clou dans chacune des trois petites dépressions au sommet du fruit. Retirez le clou. Renversez la noix en la posant sur un verre pour recueillir l'eau de coco. Enveloppez la noix dans la serviette, posez le tout sur le sol et cassez la noix en plusieurs morceaux en frappant très fort avec le marteau. Détachez la chair de la noix avec un couteau à lame épaisse, puis rincez-la. Il est inutile de retirer la pellicule brune.

- Épluchez l'ananas et coupez-le en quartiers.

- Centrifugez d'abord l'ananas à vitesse 1, puis la noix de coco à vitesse 2.

- Ajoutez l'eau de coco réservée.

- Remplissez à demi un shaker de glaçons, versez les jus et les deux rhums.

- Secouez bien, puis versez le tout, en filtrant dans quatre verres.

- Parsemez le cocktail de noix de coco grillée et servez avec une paille.

BONUS GOURMAND :
Merci à Alain Duquesnes, du bar Metropolitan à Paris, pour le petit truc de la noix de coco râpée. En préparant ce cocktail avec de la mangue mûre ou bien de l'ananas (cette fois au blender), vous obtenez une délicieuse mangolada.

Smoothie multi-usages

POUR **4** À **6** PERSONNES

~

2 ou 3 bouquets
de coriandre fraîche

1 bouquet de menthe fraîche

1 piment vert frais

1 oignon doux
ou 1 gousse d'ail

Yaourt épais à volonté
(le yaourt à la grecque
ou le yaourt turc conviennent bien)

1 pincée de cumin grillé en poudre

1 pincée de piment rouge en poudre

Sel, poivre du moulin

- Lavez soigneusement la coriandre et coupez la base des tiges.
- Lavez et effeuillez la menthe.
- Ouvrez le piment en deux et retirez les graines.
- Épluchez l'oignon ou l'ail.
- Centrifugez tous ces ingrédients à vitesse 1, sans précipitation afin d'extraire le plus de jus possible. Vous obtenez un jus vert épais, peu abondant.
- Ajoutez un peu de sel et de poivre, le cumin et le piment.

BONUS GOURMAND :
C'est un jus d'herbes au yaourt conçu sur le principe du chutney menthe-coriandre de la cuisine indienne. Si vous désirez le boire, délayez-le avec du yaourt et allongez le tout d'eau. Si vous désirez le servir en chutney (en accompagnement de viandes grillées par exemple), mélangez-le avec du yaourt sans ajouter d'eau. Rectifiez l'assaisonnement. Vous pouvez aussi ajouter ce jus à des jus de rôti (particulièrement de gigot d'agneau), à des sauces, à des vinaigrettes, etc.

2 CUPS

Green juicepacho

POUR **4** À **6** PERSONNES

~

1 concombre
1 petite botte de persil plat
1 petite botte de menthe
1 cœur de romaine
1 kg de tomates green zebra
1 gousse d'ail épluchée
100 g d'olives noires
Gressins
Sel

LA GARNITURE :
50 g d'amandes mondées
1 gousse d'ail épluchée
Vinaigre de xérès
Huile d'olive
Sel, poivre du moulin

Encore un jus-gazpacho, mais en mode verdure.

Préparez d'abord la sauce :

- Faites griller les amandes 10 minutes au four à 160 °C. Laissez-les refroidir. Réunissez-les dans un mixeur avec la gousse d'ail et 4 cuillerées à soupe de vinaigre de xérès, sel et poivre.

- Mixez en ajoutant de l'huile d'olive petit à petit jusqu'à obtention d'une purée très fine et un peu liquide.

- Goûtez et corrigez la quantité de sel et de vinaigre.

Préparez ensuite le jus :

- Dénoyautez les olives et coupez-les en petits morceaux.

- Épluchez le concombre, effeuillez le persil et la menthe, coupez le pied de la romaine.

- Lavez les légumes et les herbes.

- Coupez les tomates en quartiers.

- Centrifugez les tomates, les légumes, la gousse d'ail restante et les herbes à vitesse 1, sans séparateur d'écume. Salez légèrement le jus obtenu.

- Répartissez le jus dans des verres sur quelques glaçons, ajoutez dans chacun un peu de sauce aux amandes et quelques olives noires concassées.

BONUS GOURMAND :
Servez avec des gressins, qui serviront à mélanger le contenu du verre.

Vinaigrettes aux herbes

C'est un principe plutôt qu'une recette. Des jus d'herbes sont extraits puis fouettés avec huile et vinaigre (ou jus de citron), sel, poivre et épices pour obtenir des vinaigrettes. On peut centrifuger ainsi persil plat, cerfeuil, ciboulette, estragon, coriandre, basilic, roquette, fenouil, aneth, livèche, cresson, etc.

Je vous livre ainsi quelques idées.

Vinaigrette pesto : 1 grosse botte de basilic centrifugée à vitesse 1 avec quelques gousses d'ail et éventuellement une petite tomate, le tout fouetté avec huile d'olive, un peu de parmesan fraîchement râpé, sel et poivre.

Vinaigrette française à l'ancienne : 1 botte de cerfeuil, 1/2 botte de persil plat, 1 botte d'estragon effeuillée, 1 botte de ciboulette, 1 échalote, le tout centrifugé à vitesse 1 et fouetté avec huile d'arachide, moutarde de Dijon, vinaigre de vin blanc ou rouge, sel et poivre du moulin. Ajoutez au dernier moment deux ou trois feuilles de sauge fraîche émincées en fins filaments.

Cressonnette : centrifugez 1 botte de cresson bien lavée et égouttée, et fouettez le jus avec huile d'arachide, vinaigre, un peu de crème fraîche ou de yaourt, sel et poivre. À verser sur des œufs mollets, du poisson ou des légumes pochés.

227ml

Lait au gingembre

POUR **4** PERSONNES

~

150 g de gingembre
50 cl de lait cru entier très crémeux (par exemple de vache jersiaise)
4 cuillerées à soupe de sucre

- Pelez le gingembre puis coupez-le en morceaux.
- Centrifugez-le à vitesse 2.
- Remuez bien le jus obtenu. Répartissez-le dans quatre bols en porcelaine. Il doit y avoir environ 1 cuillerée à soupe de jus dans chaque bol.
- Préparez deux grandes casseroles. Faites chauffer le lait dans l'une d'elles sans le faire bouillir. Dès qu'il commence juste à fumer, ajoutez le sucre et mélangez rapidement. Retirez du feu. Versez le lait dans la casserole vide en élevant la première casserole aussi haut que possible. Recommencez en transvasant, toujours de très haut, le lait de la première dans la seconde. Transvasez ainsi le lait dix fois, puis reposez les casseroles.
- Remuez le jus de gingembre dans les bols avec une petite cuillère, et immédiatement, versez le lait dans les bols d'une certaine hauteur (20 cm environ). Ne remuez pas. Laissez reposer 5 minutes ; le lait doit prendre comme une gelée.
- Servez tiède ou frais.

BONUS GOURMAND :
En cantonais, ce dessert est appelé « le gingembre frappe le lait ». Il est originaire du faubourg de Panyu, où naguère encore les buffles parcouraient les champs de gingembre. Il est très important d'utiliser du « vieux gingembre », des rhizomes à pleine maturité et non du gingembre jeune, qui ne contient pas assez de protéase (une enzyme qui coagule le lait). En l'absence de lait de bufflonne, un lait cru entier bien crémeux fera l'affaire.

Granité d'ananas blanc

POUR **4** PERSONNES

~

1 gros ananas pain-de-sucre
du Bénin de 1,5 kg
ou 2 petits, bien mûrs
Sucre (facultatif)

On ne fait pas plus simple, mais ce sera meilleur si vous avez une sorbetière.

- Épluchez l'ananas – inutile de retirer le cœur s'il s'agit bien d'ananas pain-de-sucre.
- Centrifugez l'ananas à vitesse 1 sans utiliser de séparateur d'écume (vous avez besoin de la pulpe).
- Goûtez le jus : s'il est acide, ajoutez un peu de sucre, mais ne le faites qu'en dernière extrémité.
- Versez immédiatement le jus en sorbetière et turbinez. Si vous n'avez pas de sorbetière, versez le jus dans un bac rectangulaire et placez-le au congélateur. Toutes les vingt minutes environ, mélangez soigneusement avec une fourchette jusqu'à ce que le jus soit congelé en fins cristaux.
- Raclez la surface avec une fourchette pour servir. Si vous voulez raffiner un peu, parsemez de quelques pluches de coriandre hachées.

BONUS GOURMAND :
Vous pouvez aussi, bien entendu, boire le jus d'ananas sans en faire un granité… Et vous pouvez enfin vous inspirer de cette recette pour réaliser d'autres granités de fruits purs, sans sucre, sans rien : fraise, pêche, poire, cerise, tomate, etc.

Sucettes glacées ananas-tomate

POUR **6** À **8** PERSONNES

~

1 ananas Victoria bien mûr
1 kg de tomates rouges bien mûres
50 g de sucre
5 cl de vinaigre balsamique
5 cl d'huile d'olive très fruitée
1 trait de sauce chili mexicaine (genre Tapatio®) ou de Tabasco®
Sel, poivre blanc du moulin

USTENSILES :
Moules en silicone pour sucettes glacées (ou bacs à glaçons) et bâtonnets en bois

- Dans une petite casserole, délayez le sucre avec quelque cuillerées d'eau. Portez doucement à ébullition et faites cuire jusqu'à obtention d'un sirop épais. Ne le laissez pas colorer. Retirez du feu et laissez refroidir.

- Épluchez l'ananas et coupez-le en quartiers.

- Lavez les tomates et coupez-les en quartiers.

- Centrifugez les tomates à vitesse 1 et l'ananas à vitesse 2, sans utiliser de séparateur d'écume.

- Ajoutez au jus obtenu le sirop, le balsamique, l'huile d'olive et la sauce chili. Mélangez vigoureusement au fouet.

- Versez ce mélange dans des moules en silicone pour sucettes glacées ou dans des bacs à glaçons et mettez au congélateur.

- Quand le mélange est à moitié congelé, plantez les bâtonnets au milieu de chaque alvéole. Remettez au congélateur jusqu'à ce que les sucettes soient complètement prises en glace.

BONUS GOURMAND :
Ces sucettes sucrées-salées – inspirées d'une recette de Thierry Alix – sont à déguster à toute heure, seules ou en garniture d'une salade d'été ou d'une soupe froide.

Granité poire au poiré

(ou pomme au pommeau)

POUR **4** À **6** PERSONNES

~

3 ou 4 belles poires Comice
ou William bio, mûres
(environ 800 g en tout),
ou le même poids de pommes bio

1 citron jaune

Sucre de canne (facultatif)

Poiré ou pommeau

- Que vous choisissiez la version poire ou la version pomme, lavez les fruits et retirez leurs pédoncules.

- Coupez-les en quartiers sans les peler.

- Pelez le citron à vif [voir p. 9].

- Centrifugez le citron à vitesse 1, puis les poires à vitesse 1 ou les pommes à vitesse 2. N'utilisez pas de séparateur d'écume, il vous faut de la pulpe pour cette recette. Au besoin, si elle n'est pas trop sèche, ajoutez un peu de pulpe rejetée par l'appareil pour donner du corps à votre jus.

- Goûtez : si le jus vous paraît acide, sucrez légèrement.

- Ajoutez, selon le cas, un peu de poiré ou de pommeau à votre jus, en quantité modérée car l'alcool empêche la congélation. Pour 50 cl de jus, comptez 10 cl de poiré.

- Vous pouvez faire prendre ce mélange en sorbetière ou le verser dans un bac rectangulaire et le faire prendre au congélateur en le remuant toutes les 20 minutes environ. Lorsqu'il est entièrement congelé, raclez la surface avec une fourchette pour obtenir un granité

BONUS GOURMAND :
Je vous conseille ce granité au milieu d'un repas copieux ou d'une réception, comme un « trou normand» léger et rafraîchissant.

index des recettes

Crédits photos et son carnet d'adresses :

ASTIER DE VILLATTE
céramiques : p. 4
www.astierdevillatte.com

BONTON
mode enfant : p. 19, p. 49, p. 53, p. 63
www.bontonbazar.fr

CONRAN SHOP
art de la table, décoration :
p. 34, p. 47, p. 55, p. 61, p. 63
www.conranshop.fr

ELECTROLUX
centrifugeuse pour toutes les recettes réalisées
www.electrolux.fr

HABITAT
art de la table,décoration : p. 13, p. 45
www.habitat.fr

ARMELLE HAÜY
céramiques : p. 25
Atelier 37 rue des Panoyaux 75020 Paris

IE
mode enfant, décoration : p. 13, p. 34
www.ieboutique.com

MERCI
art de la table décoration : p. 11, p. 15, p. 19, p. 21, p. 57
www.merci-merci.com

TUC
p. 51
www.lu-france.fr

Garlone Bardel remercie :
Clémentine Donnaint, assistante styliste, et les boutiques et créateurs grâces auxquels les photos sont mises en scène pour leur précieuse collaboration.

Sophie Brissaud remercie :
toute l'équipe de La Martinière, Florence Lécuyer,
Laure Aline, Elise Bigot, ainsi que Claire Curt et Garlone Bardel
pour leur superbe mise en images.
Merci à Alain Duquesnes, barman, et à Thierry Alix, chef.

Conception graphique : Rachida Zerroudi
Connectez-vous sur : www.lamartinieregroupe.com

ISBN : 978-2-7324-5217-3

Photogravure : APS / Chromostyle

Achevé d'imprimer en août 2012 chez Dedalo
Dépôt légal : Septembre 2012

Imprimé en Espagne